Das didaktische Konzept zu Sonne, Mond und Sterne
wurde mit Prof. Dr. Manfred Wespel, Pädagogische Hochschule
Schwäbisch Gmünd, entwickelt.

Beim Druck dieses Produkts wurde
durch den innovativen Einsatz der
Kraft-Wärme-Kopplung im Vergleich
zum herkömmlichen Energieeinsatz
bis zu 52 % weniger CO_2 emittiert.
Dr. Schorb, ifeu.Institut

Mix
Produktgruppe aus vorbildlich
bewirtschafteten Wäldern und anderen
kontrollierten Herkünften
www.fsc.org Zert.-Nr. SGS-COC-001425
© 1996 Forest Stewardship Council

Titelbild und farbige Illustrationen: Marina Rachner
Reproduktion: Domino Medienservice GmbH, Lübeck
Druck und Bindung: Mohn media · Mohndruck GmbH, Gütersloh
Printed in Germany 2010
ISBN 978-3-7891-0656-9

www.oetinger.de

Wolfram Hänel

Pony Fleck –
Weihnachten im Stall

Bilder von
Marina Rachner

Verlag Friedrich Oetinger · Hamburg

Inhalt

1. Es schneit!

Eine Schneeflocke landet genau auf Annas
Nasenspitze. Anna blickt verdutzt hoch.
„Guck mal!", ruft sie Alissa zu. „Es schneit!"
„Seh ich!", ruft Alissa lachend zurück.
Sie zeigt zum Himmel. Dunkel und grau sind
die Wolken über ihnen. Immer mehr Schnee-
flocken kommen jetzt herabgewirbelt. Dicke,
weiße Flocken, die den hart gefrorenen Boden
wie mit einem Teppich bedecken.
„Guck dir mal Mienchens Mähne an!", ruft
Alissa.
Die Mähne der Stute sieht aus wie mit Puder-
zucker bestreut.

Alissa und Anna führen einen Freudentanz auf.
„Es schneit!", rufen sie. „Es schneit!"
Auch Mienchen galoppiert ein paar Meter mit
und wiehert laut.
Nur ihr Hengstfohlen Fleck steht wie
festgenagelt auf der Weide. Unwillig schüttelt
Fleck den Kopf. Aber das weiße Zeug bleibt
trotzdem auf seinen Nüstern und in seinen
Augen kleben. Ärgerlich schlägt er mit dem
Schweif. Dann scharrt er unruhig mit dem
Vorderhuf, um zu sehen, ob unter der weißen
Decke immer noch der feste Boden ist. Ganz
vorsichtig senkt er den Kopf. Er versucht, den
Schnee zur Seite zu pusten. Erschreckt zuckt
er zurück, als er das kalte Nass an seinem
Maul spürt.

Es ist das erste Mal, dass Fleck Schnee sieht. Und er hat natürlich keine Ahnung, was das überhaupt ist: Schnee! Und wieso plötzlich alles weiß ist. Oder warum Anna und Alissa immerzu im Kreis rennen und lachen.

Mienchen grummelt beruhigend. Sie trabt zu ihrem Fohlen hinüber und stupst Fleck mit dem Maul an. Fleck drückt sich ganz dicht an seine Mutter.

„Fleck hat Angst", sagt Anna. „Er denkt, der Schnee wäre vielleicht gefährlich." Sie streicht Fleck über die Stirn und redet beruhigend auf ihn ein. „Das ist nicht schlimm", flüstert sie ihm leise ins Ohr. „Du brauchst keine Angst vor dem Schnee zu haben."

Alissa läuft schnell zum Stall und kommt mit einer Möhre in der Hand zurück.
„Guck mal, Fleck!", ruft sie. „Ich hab was Leckeres für dich, du musst es dir nur holen ..."
Aber Fleck rührt sich immer noch nicht.
Obwohl Anna und Alissa ganz deutlich sehen können, wie gerne er die Möhre haben würde.
Dafür kommt jetzt Mienchen angetrabt.

„Du bist fein", sagt Alissa und lässt sie an der Möhre knabbern.
Mienchen schnaubt als Antwort. Sie untersucht Alissas Jacke, ob da in den Taschen vielleicht noch mehr Möhren sind.

Als sie feststellt, dass es nichts weiter gibt, trabt sie wieder davon. Aber plötzlich schlägt sie mit der Hinterhand aus, und gleich darauf wirft sie sich auf die Seite und wälzt sich im Schnee. Dabei wiehert sie, als wollte sie allen erzählen, wie viel Spaß das macht.

Fleck reckt wieder den Kopf vor. Dann geht er ganz langsam in die Knie und lässt sich auch zur Seite fallen. Im nächsten Moment springt er wieder auf und rast los. Er rennt dicht am Zaun entlang, so schnell, dass die Schneeklumpen unter seinen Hufen hochfliegen. Und dabei wiehert er sein kleines hohes Wiehern, das zeigt, wie wohl er sich fühlt.

„Er hat es kapiert!", ruft Alissa glücklich. „Jetzt hat er keine Angst mehr."
Im Bauernhaus neben der Weide klopft die alte Luise von innen ans Fenster. Sie hält zwei Becher hoch und winkt.
„Luise hat uns Tee gekocht", sagt Anna. „Los, gehen wir rein!"

2. Anna und Alissa haben eine Idee

In Luises Küche ist es warm und gemütlich.
Anna und Alissa hängen ihre Jacken über die
Stuhllehnen und hocken sich an den
Küchentisch.
Die alte Luise wohnt ganz allein in ihrem
Bauernhaus.
Alissa hat Luise kennengelernt, als sie mit
ihrem Vater einen Ausflug aufs Land gemacht
hat. Luise gehören auch die beiden Ponys.
Mienchen und Fleck. Und außerdem noch ein
paar Gänse.
Bei Luise hat Alissa auch Anna kennengelernt.
Anna kommt von einem Bauernhof ganz in
der Nähe. Alissa und Anna sind die besten
Freundinnen, die es gibt. Fast jedes Wochen-
ende darf Alissa bei Anna übernachten. Das
muss sie auch, weil sich die Mädchen um
Luises Ponys kümmern. Das ist die
Abmachung, die sie mit Luise getroffen
haben.

Luise ist zu alt, um die Ponys zu putzen und zu striegeln, den Stall auszumisten und frisches Stroh einzustreuen. Anna und Alissa machen das alles gerne. Und dafür dürfen sie auch mit Mienchen ausreiten. Fleck ist noch zu klein, um ihn zu reiten. Aber seit dem letzten Frühjahr haben Alissa und Anna schon jede Menge Abenteuer mit Mienchen und Fleck erlebt.

Jetzt ist bald Weihnachten und Alissa und Anna haben eine Idee. Sie müssen nur noch Luise davon überzeugen, dass ihre Idee wirklich gut ist.

Luise holt einen Teller mit selbst gebackenen
Keksen.

„Wenn es so weiterschneit, dann könnten wir
Weihnachten vielleicht irgendwas Besonderes
machen", beginnt Anna vorsichtig das
Gespräch, während sie die Marmelade von
ihrem Keks leckt.

Aber die alte Luise hört gar nicht richtig zu.
Stattdessen trippelt sie zwischen Herd und
Fenster hin und her und scheint mit ihren
Gedanken ganz woanders zu sein.

„Du hörst uns gar nicht zu", beschwert sich
Alissa. „Wir haben nämlich eine Idee!"

„Ich auch", antwortet Luise. „Ich habe auch
eine Idee. Was haltet ihr davon, wenn wir
dieses Jahr Weihnachten zusammen feiern?
Wir alle, mit euren Eltern und den Tieren?

Wir machen den Stall schön sauber und stellen einen großen Tisch mitten in die Stallgasse. Was meint ihr?"
Anna und Alissa starren sie mit offenem Mund an. Das war ja genau die Idee, die sie selbst auch hatten!
„Weihnachten im Stall!", ruft Alissa. „Das wollten wir dir auch gerade vorschlagen."
Die alte Luise lacht.
„Aber vorher müssen wir noch ein Problem lösen", sagt sie. „Gestern sind nämlich die Gänse in die Futterkammer eingebrochen und haben alles verwüstet."

„Was?!", rufen Anna und Alissa verblüfft.
Eigentlich mögen sie die Gänse von Luise
nicht besonders. Vor allem vor Max,
dem Gänserich, haben sie immer ein
bisschen Angst. Er rennt zischend und mit
vorgestrecktem Kopf und ausgebreiteten
Flügeln auf jeden zu, der auf den Hof kommt.

Aber der Gänserich will natürlich nur seine
Herde schützen, damit ihr nichts passiert.
Dass die Gänse jetzt allerdings in die
Futterkammer eingebrochen sein sollen, finden
Anna und Alissa sehr seltsam.
„Aber es ist so", sagt die alte Luise. „Sie
müssen irgendwie die Tür aufgekriegt haben.

Und dann haben sie die Tonne mit den
Pferdepellets umgeworfen und sich einfach
bedient. Ihr könnt es euch selbst ansehen,
wenn ihr wollt. Es liegt leider alles noch genau
so in der Gegend rum, wie ich es vorgefunden
habe. Ihr wisst ja, dass ich mich kaum noch
bücken kann."

Anna und Alissa springen auf. Keine zwei
Sekunden später haben sie ihre Jacken
übergezogen und sind zur Tür raus.

3. Wer ist der Futterdieb?

Der Schnee liegt inzwischen so hoch, dass sie bei jedem Schritt bis über die Knöchel einsinken.
Mienchen und Fleck kommen zum Zaun und wiehern leise.
„Habt ihr es schon gehört?", fragt Alissa, während sie Mienchen über die Nüstern streicht. „Luise hat erzählt, dass die Gänse euch das Futter klauen."
„Echt fies", sagt Anna. „Wenn das wirklich so ist, müssen wir uns was einfallen lassen, sonst habt ihr bald nichts mehr zu fressen."
Mienchen pustet Anna ihren warmen Atem ins Gesicht, als hätte sie jedes Wort verstanden.
Nur Fleck scheint sich nicht für Annas und Alissas Problem zu interessieren. Er hat Durst vom vielen Herumtoben, aber das Wasser in dem offenen Bottich ist gefroren. Nachdem Fleck den Schnee zur Seite gepustet hat, stößt er mit dem Maul gegen das harte Eis.

Er schnaubt empört und versucht es gleich
noch mal. Aber wieder ist da nur kaltes und
hartes Eis.
Mienchen schüttelt unwillig die Mähne und
läuft zu Fleck und dem Wasserbottich hinüber.
Dann hebt sie die rechte Vorderhand und
lässt ihren Huf blitzschnell auf die Eisdecke
krachen. Das Eis splittert und Wassertropfen
spritzen hoch. Prustend senkt Fleck sein Maul
in den Bottich.
„Mienchen ist echt schlau", sagt Anna stolz.

Als sie gleich darauf in die Futterkammer kommen, sagt Alissa: „Die Gänse sind auch echt schlau. Guck dir das an!"

Die Futtertonne liegt umgestürzt auf dem Boden und die Pellets sind in der ganzen Kammer verstreut.

Anna blickt sich um. „Okay", sagt sie. „Ich kann mir vorstellen, dass sie die Tonne aufgekriegt haben. Aber wie sind sie erst aus ihrem Verschlag und dann auch noch durch diese Tür gekommen?"

Sie gehen zum hinteren Ende des Stalls, wo der Verschlag für die Gänse ist. Die Gänse hocken dicht zusammengedrängt in einer Ecke und schnattern. Und Max reckt den Hals und schlägt mit den Flügeln.

„Irgendwie glaube ich nicht, dass es wirklich die Gänse waren, die in die Futterkammer eingebrochen sind", sagt Anna.

„Aber wer dann?", fragt Alissa. „Vielleicht ein Fuchs?"

„Klar", sagt Anna und tippt sich an die Stirn.

„Ein Fuchs, der Türen aufmachen kann und lieber Pferdepellets frisst als Gänse! Obwohl sie genau vor seiner Nase stehen und nur darauf warten, dass er sie packt. Sehr logisch!"

„Stimmt, das macht keinen Sinn", sagt Alissa.

Sie rätseln noch eine Weile hin und her, ohne dass ihnen eine Lösung einfällt.

Und dann kommt auch schon Alissas Vater mit dem Auto angefahren, um Alissa wieder abzuholen. Heute ist nämlich Sonntag, und Alissa muss in die Stadt zurück, damit sie am nächsten Morgen zur Schule gehen kann.

Noch drei Tage, dann sind Ferien! Und dann kommt auch schon gleich Heiligabend.

Alissas Vater geht noch mal kurz zu der alten Luise ins Haus. Anna und Alissa machen so lange den Stall fertig.

Zehn Minuten später glänzt das frische Stroh gelb im Licht der Stalllampe. Die Wassereimer sind gefüllt und in jeder Box liegt ein Armvoll Heu in der Ecke. Nur die Pellets in den Futterschalen fehlen noch.

Schnell macht sich Anna daran, die
Futterkammer aufzuräumen, während Alissa
schon mal die Ponys reinholt.
Alissa stellt Mienchen und Fleck an den
Anbinder in der Stallgasse und reibt ihnen mit
einem Büschel Stroh das Fell trocken. Anna
kommt dazu und hilft ihr.
„Es ist vielleicht alles ganz einfach", sagt sie.
„Wenn es nicht die Gänse waren und sich
jemand heimlich zum Stall schleicht, um Futter
zu klauen, dann sehe ich morgen seine Spuren
im Schnee. Ich ruf dich an, wenn ich was
weiß."

4. Auf frischer Tat ertappt

Anna ruft tatsächlich schon am nächsten Tag an.

„Und?", fragt Alissa aufgeregt. „Hast du was rausgekriegt?"

„Ich hab den Dieb", antwortet Anna nur.

„Oh Mann!", stöhnt Alissa. „Jetzt mach es doch nicht so spannend!"

„Fleck", sagt Anna. „Fleck war es."

„Was!?", ruft Alissa. „Das glaub ich nicht!"

„Glaub mir", sagt Anna. „Er war es. Ich hab ihn erwischt."

Anna erzählt, wie sie gleich nach der Schule zu Luise hinübergelaufen ist. Aber sie hat gar nicht nach Spuren im Schnee suchen müssen. Als sie nämlich am Stall vorbeikam, kam auch schon Fleck angetrabt. Aus der Stallgasse!

„Und seine Boxentür stand sperrangelweit offen!", erzählt Anna. „Er kann seine Box alleine aufmachen. Wahrscheinlich zieht er den Riegel einfach mit den Zähnen zur Seite."

„War er etwa auch wieder in der Futterkammer?", fragt Alissa.

„Klar!", ruft Anna. „Es sah wieder alles aus
wie gestern, das totale Chaos."

„Das darf nicht wahr sein", stöhnt Alissa.

„Unser Pony ist echt schlau", sagt Anna. „Ein
Glück nur, dass er nicht auch noch die Tonne
mit dem Hafer entdeckt hat. Sonst hätte er
jetzt wahrscheinlich schon eine Kolik."

„Und jetzt?"

„Kein Problem", meint Anna. „Ich habe erst mal
einen Strohstrick um den Riegel von Flecks
Box gebunden. Da kommt er so schnell nicht
wieder raus."

„Gut", sagt Alissa nur. „Und Mienchen?", fragt
sie dann.

„Mienchen war total aufgeregt", erzählt Alissa.
„Sie hat die ganze Zeit gegrummelt und
geschnaubt. Als würde sie schimpfen."
„Wahrscheinlich wollte sie auch in die Futterkammer", überlegt Alissa und kichert. „Und war
sauer, dass sie nichts abgekriegt hat."

Beim Abendessen erzählt Alissa ihren Eltern
von dem Telefongespräch mit ihrer Freundin.
„Die Gänse sind unschuldig", sagt sie. „Wir
wissen jetzt, wer der Dieb ist. Anna hat ihn auf
frischer Tat ertappt."
Dann erzählt sie Annas Geschichte. Sie ist
gerade an der Stelle, als Fleck mit den Zähnen

den Riegel zurückzieht, da ruft ihr Vater: „Oh nein!"

„Was?", fragt Alissa.

„Kannst du dich noch erinnern, wer die Boxentür zugemacht hat?", fragt ihr Vater zurück.

„Moment", sagt Alissa. „Anna hat Mienchen in ihre Box geführt. Und ich Fleck. Und dann kamst du rein und hast gedrängelt, weil es schon so spät war und du nach Hause wolltest. Und ... oh nein!"

„Was?", fragt jetzt Alissas Mutter.

„Vati hat die Box zugemacht", sagt Alissa.

Alissas Mutter blickt zu Alissas Vater, ohne irgendetwas zu sagen. Aber die Sache ist eigentlich auch so klar ...

„Kann gut sein, dass ich den Riegel vergessen habe", gibt Alissas Vater kleinlaut zu.

„Fleck brauchte also die Tür nur mit dem Kopf zurückzuziehen und schon war er frei", überlegt Alissa.

„Und die Tür zur Futterkammer ist kein Problem. Da hat er einfach mit dem Maul die Klinke runtergedrückt."

Alissas Mutter schüttelt den Kopf. „Dann verstehe ich aber nicht, wer am Tag vorher in der Futterkammer war."

„Stimmt!", ruft Alissa. „Das macht keinen Sinn."

„Dann bin ich vielleicht doch nicht schuld", meint Alissas Vater. Aber so ganz sicher ist er sich nicht. Und Alissa ist sich auch nicht so sicher.

Nachdem sie mit Anna telefoniert hat, um ihr das Neueste zu erzählen, sagt sie zu ihren Eltern: „Wir müssen gleich morgen noch mal

zu Luise. Anna hat nämlich eine Idee, wie wir
den Fall lösen können."
Es dauert eine Weile, bis sie ihren Vater
überzeugt hat. Aber weil er immer noch
Gewissensbisse hat, stimmt er schließlich zu.
„Ich versuche, eher Schluss zu machen bei
der Arbeit", sagt er. „Und dann hole ich dich ab
und wir fahren zu Luise."

5. Spuren im Schnee

Genau so machen sie es dann auch. Zum
Glück ist Luises Hof nicht so weit von der
Stadt entfernt. Aber als sie ankommen, ist es
trotzdem schon fast dunkel.
Sie stapfen durch den Schnee zum Stall
hinüber. Anna wartet schon auf sie. Auch die
alte Luise ist da. Sie will unbedingt dabei sein,
wenn Anna und Alissa ihren Versuch machen.
Wenn nämlich Alissas Vater die Tür doch
richtig zugemacht hat, dann müsste Fleck ja
den Riegel tatsächlich alleine aufkriegen. Und
dann wäre auch klar, dass er das schon öfter
gemacht hat.

Mienchen und Fleck schieben neugierig
die Köpfe über ihre Boxentüren. Die Gänse
schnattern aus ihrem Verschlag herüber.
Anna wickelt den Strohstrick von dem Riegel
an Flecks Tür. Alissa hält eine Mohrrübe hoch
und lockt Fleck.
„Komm her! Mach den Riegel auf und hol dir
deine Möhre!"
Fleck wiehert und schnaubt. Aber er scheint
keine Ahnung zu haben, dass er erst den
Riegel aufschieben muss, um an die Möhre
zu kommen. Stattdessen versucht er jetzt, die
Boxentür mit dem Kopf zurückzuziehen.
„Alles klar", sagt Anna. „Das hat er sich also
gemerkt. Das heißt, die Tür war beim letzten
Mal nicht verriegelt."

Alissas Vater sagt gar nichts. Er tut so, als
würden die Spinnweben am Dachbalken ihn
wirklich sehr interessieren.

„Dann versuchen wir jetzt noch mal was ganz
anderes", schlägt Alissa vor. „Nur, um sicher
zu sein."
Sie schiebt den Riegel zurück und macht
Flecks Box auf. Wie ein Blitz kommt Fleck in
die Stallgasse geschossen.
Alissa streichelt ihm über die Nüstern und
schiebt ihm die Möhre ins Maul. Mienchen
beschwert sich grummelnd.

„Lasst ihn jetzt mal alleine", sagt Alissa zu
den anderen, während Fleck noch die letzten
Möhrenreste vom Boden zusammensucht.
„Mal sehen, was er macht."
Fleck hält den Kopf schief und schnaubt. Dann
reckt er den Schweif hoch und läuft direkt auf
die Futterkammer zu.
„Hä?!", ruft Alissa im gleichen Moment. „Was
ist das denn?"
Der Lichtschein reicht kaum bis zur
Futterkammer. Deshalb hat auch noch keiner
von ihnen gesehen, dass die Tür einen Spalt
weit offen steht!

Noch bevor Fleck sich durch den Spalt
schieben kann, sind Anna und Alissa da.
Entgeistert starren sie auf das Chaos vor
ihnen. Wieder ist die Tonne umgestürzt und die
Pellets sind im ganzen Raum verstreut.
„Ich hab gestern alles aufgeräumt", stammelt
Anna. „Echt!"
Nur mit Mühe kriegen sie Fleck in seine Box
zurück. Jetzt grummelt er genauso verärgert
wie Mienchen. Aber niemand achtet mehr auf
die Ponys.

Anna sagt, was alle denken: „Fleck war bis eben in seiner Box, er kann es nicht gewesen sein. Und gestern habe ich ihn nur erwischt, weil jemand den Riegel nicht richtig zugeschoben hat. Das war einfach nur Zufall. Wahrscheinlich stand die Futterkammer gestern auch offen. Und Fleck brauchte sich nur zu bedienen. Der Dieb ist trotzdem jemand anders."

„Also müssen wir doch noch mal alles absuchen", sagt Alissa. „Vielleicht finden wir irgendwelche Spuren im Schnee."

Ihr Vater holt die große Taschenlampe aus dem Auto. Dann machen sie sich auf die Suche.

Vor dem Stall ist der Schnee von ihren eigenen Füßen zertrampelt. Aber als sie an der Holzwand entlang weitergehen, sehen sie im Strahl der Lampe plötzlich eine Reihe von Abdrücken.

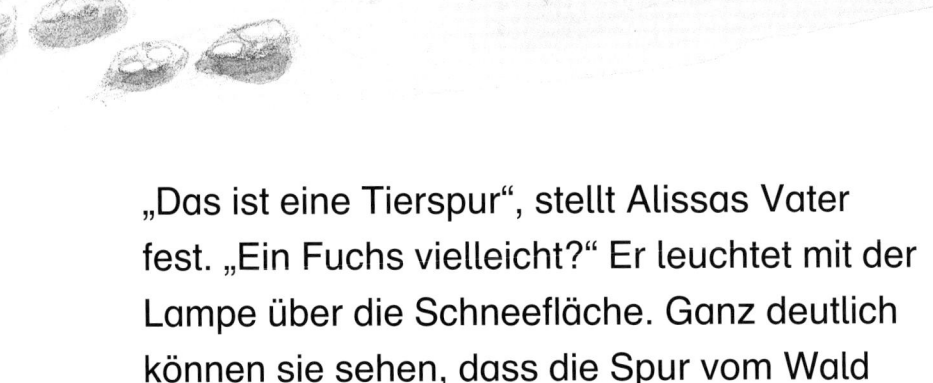

„Das ist eine Tierspur", stellt Alissas Vater fest. „Ein Fuchs vielleicht?" Er leuchtet mit der Lampe über die Schneefläche. Ganz deutlich können sie sehen, dass die Spur vom Wald herüberkommt. Und dicht daneben führt eine zweite Spur zurück.

„Das war kein Fuchs", sagt die alte Luise. „Das sieht eher aus wie Hundepfoten! Aber irgendetwas stimmt trotzdem nicht. Zählt doch mal die Abdrücke. Hier sieht man es ganz genau. Das müsste ein langer Hund mit acht Beinen sein!"

Am nächsten Tag kann Alissa es kaum erwarten, dass endlich die Schule vorbei ist. Es ist Mittwoch und der letzte Schultag vor Weihnachten.

Alissas Vater hat versprochen, dass er wieder früher Schluss macht, um Alissa abzuholen. Als Alissa aus der Tür kommt, sitzt er im Auto und winkt schon ungeduldig.

Er ist mindestens genauso aufgeregt wie Alissa selbst. Gestern haben sie alle zusammen noch hin und her überlegt, was sie am besten machen sollen.

Anna hatte die Idee, dass sie sich im Stall verstecken und abwarten, was passiert. Allerdings glauben sie alle nicht so richtig daran, dass der Dieb wirklich ein langer Hund mit acht Beinen ist. Nur, wer soll es sonst sein?

„Das werden wir bald herauskriegen", sagt Alissas Vater, als er auf den Feldweg zu Luises Hof einbiegt.

6. Der achtbeinige Hund

Die beiden Ponys wiehern zur Begrüßung.
Hinten in ihrem Verschlag schnattern die
Gänse. Die alte Luise versteckt sich mit
Alissas Vater in Mienchens Box. Anna und
Alissa hocken sich in das warme Stroh zu
Fleck. Fleck pustet ihnen seinen Atem ins
Gesicht, als wollte er fragen, was das Ganze
eigentlich soll. Aber dann entscheidet er, dass
das frische Heu in der Ecke interessanter ist
als die beiden Mädchen.
Es ist still im Stall. Das einzige Geräusch
kommt von den Ponys, die jetzt zufrieden ihr
Heu rupfen.
Doch plötzlich fängt der Gänserich an,
aufgeregt mit den Flügeln zu schlagen. Auch
die Ponys werden unruhig. Mienchen wiehert.
Aber gleich darauf schiebt sie ihren Kopf über
die Boxentür und grummelt. Als wollte sie
einen alten Freund begrüßen.
Auch Fleck drängt sich zu seiner Boxentür

und hat die Ohren ganz steil nach vorne gestellt.

Anna nickt Alissa zu.

Ganz leise schieben sie sich an der Holzwand nach oben, bis sie in die Stallgasse spähen können.

Erst sehen sie nur etwas Schwarzes. Das ist tatsächlich ein Hund! Mit einem weißen Fleck auf der Brust und weißen Pfoten. Nein, das sind zwei Hunde! Der zweite steht wie ein Schatten hinter dem Gefleckten und hat seine Schnauze auf dessen Rücken gedrückt.

Der Gefleckte hebt die Nase und wittert.

Anna und Alissa wagen kaum noch zu atmen. Die Ponys grummeln freundlich. Nur der Gänserich macht immer noch ein Höllenspektakel.

Der Gefleckte dreht den Kopf hin und her und stellt die Ohren auf. Mienchen schnaubt, als wollte sie sagen: Alles in Ordnung.

Beruhigt läuft der Gefleckte genau auf die Futterkammer zu. Und sein Schatten folgt ihm so dicht, als würden sie aneinanderkleben. Der Gefleckte winselt. Der Schatten setzt sich auf die Hinterbeine. Der Gefleckte springt an der Tür hoch und drückt mit den Pfoten die Klinke herunter. Die Tür öffnet sich quietschend. Der Schatten legt wieder seine Schnauze auf den Rücken des Gefleckten. Sie verschwinden in der Futterkammer ...

„Hast du das gesehen?", flüstert Anna. „Zwei Hunde!"

Alissas Vater kommt leise aus Mienchens Box. „Bleibt, wo ihr seid!", flüstert er Anna und Alissa zu.

Im gleichen Moment wiehert Mienchen laut.
Sofort erscheint der Gefleckte in der Tür. Als
er Alissas Vater sieht, knurrt er und zeigt die
Zähne.

„Ganz ruhig", sagt Alissas Vater. „Ich tu dir
doch nichts."
Der Gefleckte fängt an zu bellen. Als sein
Schatten hinter ihm ängstlich winselt, bellt er
noch lauter. Aber dabei geht er rückwärts, bis
er wieder in der Kammer ist.

Die alte Luise drängt sich an Alissas Vater
vorbei.

„Platz!", ruft sie laut. „Leg dich!"

Der Gefleckte legt sich. Aber er knurrt immer
noch.

Luise macht einen Schritt nach vorne und
knallt die Tür zu.

„So", sagt sie. „Da kommen sie so schnell nicht
wieder raus."

„Zwei Hunde", wiederholt Anna. „Und der
Gefleckte hört aufs Wort, habt ihr gesehen?
Aber mit dem anderen stimmt irgendwas nicht.
Als wäre er ohne den Gefleckten total hilflos!"

„Am besten wird es sein, wenn wir den Tierarzt
rufen", sagt Alissas Vater. Er holt sein Handy
aus der Tasche und tippt die Nummer.

Sie kennen den Tierarzt jetzt schon genauso lange, wie sie Fleck kennen. Und er hat ihnen schon ein paarmal sehr geholfen. Auch jetzt verspricht er, gleich zu kommen. Er wohnt nur ein Dorf weiter, es kann also nicht lange dauern.

„Ich koche so lange Tee für uns alle", sagt die alte Luise und verschwindet im Haus.

Aus der Futterkammer kommt ein klägliches Winseln.

Anna stellt sich ganz dicht an die Tür und ruft leise: „Könnt ihr mich hören? Es ist alles nicht so schlimm. Wir tun euch nichts."

Ganz langsam drückt Anna die Tür einen Spalt weit auf ...

7. Zwei Stromer suchen ein Zuhause

Anna und Alissa hocken auf dem Boden in der Futterkammer. Sie reden leise mit den beiden Hunden.

Alissa hält dem Gefleckten ein Pferdepellet hin. Winselnd schiebt er den Kopf vor, bis Alissa seine feuchte Schnauze auf ihrer ausgestreckten Hand fühlt. Dann nimmt er das Pellet. Nur mit den Lippen, ganz vorsichtig! Er beißt es in der Mitte durch und schiebt die eine Hälfte zu dem Schatten hinüber, genau vor dessen Schnauze. Der Schatten frisst. Aber als Alissa jetzt dem Schatten selber ein Pellet hinstreckt, macht er gar nichts. Und der Gefleckte knurrt wieder warnend.

„Denkst du, was ich denke?", flüstert Alissa.
Anna nickt nur und wedelt mit der Hand dicht
vor dem Kopf des Schattens. Einmal hin und
einmal her. Der Schatten scheint nichts zu
merken. Er zieht nur prüfend die Luft durch die
Nase.
„Er sieht nichts", flüstert Anna. „Er ist blind!"
„Was?", fragt Alissas Vater von der Tür her.
Die Mädchen zeigen ihm, was sie meinen.
Anna hält ein Pellet hoch über den Kopf des
Schattens. Der Hund bewegt sich noch nicht
einmal.

„Jetzt verstehe ich", sagt Alissas Vater leise.
„Deshalb ist er also immer so dicht hinter dem
anderen hergeschlichen."
Die alte Luise kommt mit dem Tierarzt.

Der Tierarzt bleibt erst mal einen Moment
an der Tür stehen, bevor er sich dann ganz
langsam zu den Mädchen hockt.
Flüsternd erzählen Anna und Alissa, was sie
herausgefunden haben.
„Der Gefleckte muss alles alleine machen,
weil der andere blind ist", sagt Alissa. „Stimmt
doch, oder?"
Auch der Tierarzt macht jetzt ein paar
Bewegungen mit der Hand und beobachtet
dabei ganz genau die Augen des Hundes.
„Stimmt", sagt er. „Ich denke, ihr habt recht."

„Aber was sind das überhaupt für Hunde?",
mischt sich Alissas Vater wieder ein. „Wo
kommen sie her?"

„Zwei Stromer", erklärt der Tierarzt. „Vielleicht
sind sie ausgesetzt worden oder verloren
gegangen. Und irgendwann haben sie sich
getroffen und zusammengetan. So, wie ihr
Fell aussieht, sind sie jedenfalls schon eine
ganze Weile unterwegs. Und sie sind ziemlich
abgemagert. Aber das ist auch kein Wunder.
Bei dem Winterwetter haben sie natürlich ein
Problem."

„Jetzt nicht mehr", meldet sich die alte Luise
plötzlich zu Wort. „Jetzt gibt es nämlich erst
einmal etwas Vernünftiges zu fressen."

Luise hat nicht nur eine Thermoskanne Tee aus dem Haus mitgebracht, sondern auch eine Schüssel mit Fressen.

„Es sind noch ein paar Kartoffeln von heute Mittag übrig", erklärt sie, während sie die Schüssel auf den Boden stellt. „Und ich habe ein Würstchen klein geschnitten."

Der Gefleckte setzt sich plötzlich auf, macht Männchen und einmal laut „wuff!". Dann wirft er sich wieder hin, rollt sich über den Rücken, springt auf und dreht sich im Kreis.

„Er zeigt alle Tricks, die er mal gelernt hat",
sagt der Tierarzt lachend. „Er will die Schüssel
mit dem Fressen unbedingt haben."
Die alte Luise schiebt den Hunden die Schüssel
hin. Mit Heißhunger machen sie sich über die
Kartoffeln und das Würstchen her.
„Das wird schon wieder", sagt der Tierarzt.
„Geben wir ihnen ein paar Tage Zeit. Am
besten nehme ich sie erst mal mit zu mir."
„Sie können auch hierbleiben", meint Luise.
„Ich habe genug Platz im Haus."
„Das wäre natürlich noch besser", stimmt der
Tierarzt zu. „Und wenn irgendetwas ist, bin ich
ja gleich um die Ecke."
„Bleiben die Hunde dann für immer hier?", fragt
Anna.
„Langsam", sagt der Tierarzt. „So weit sind
wir noch nicht. Wenn ich sie morgen oder
übermorgen richtig untersuchen kann, werden
wir sehen, ob sie einen Chip oder eine
Tätowierung haben. Und ob wir so vielleicht
die Besitzer herausfinden."

„Klar", sagt Alissa und nickt. „Vielleicht suchen die sie ja schon die ganze Zeit."

„Aber über Weihnachten habt ihr jedenfalls zwei Gäste mehr, fürchte ich", meint der Tierarzt lachend.

„Pünktchen und Schatten", sagt Anna.

„Wer?", fragen die drei Erwachsenen.

„Pünktchen und Schatten", wiederholt Alissa.

„Pünktchen ist der mit den Flecken ..."

„Und Schatten ist sein Schatten", erklärt Anna.

„Ist doch klar."

„Weihnachten wird toll!", sagt Alissa, als sie sich alle von Luise und dem Tierarzt verabschieden. „Der totale Traum!"

„Glaub ich auch", meint Anna. Sie sehen zu, wie Pünktchen und Schatten hinter der alten Luise her zum Haus hinüberlaufen.

Als ob sie schon immer bei Luise gewohnt hätten.

8. Heiligabend in der Stallgasse

Endlich ist Heiligabend! Die alte Luise ist noch
in ihrer Küche und kocht. Alissas Mutter hilft ihr
dabei.

Alissa und Anna sind in der Stallgasse
und decken den langen Holztisch, der
genau vor den Boxen steht. Sie haben
ein weißes Tischtuch aufgelegt und rote
Weihnachtskerzen an kleinen Tannenzweigen
befestigt. Vor jedem Teller liegt ein selbst
gebastelter Strohstern. Und neben der Tür zur
Futterkammer steht ein Weihnachtsbaum mit
bunten Holzengeln an den Zweigen.

Neugierig streckt Fleck seinen Kopf über die
Boxentür und versucht, Alissa an den Haaren
zu ziehen. „Lass das!", ruft Alissa lachend.
„Hör auf damit!"
Fleck wiehert leise, als wollte er sagen:
Lass mich aus der Box. Ich bin auch ganz brav.
Lachend rücken die beiden Mädchen die
Kissen auf den Stühlen zurecht. Pünktchen
und Schatten haben sich einen Platz unter
dem Tisch gesucht. Klar, sie hoffen natürlich,
dass beim Essen ganz aus Versehen etwas für
sie vom Teller fällt.
Vom Dorf her läuten die Kirchenglocken. Die
Gänse schnattern aufgeregt. Dann kommen
die alte Luise und Alissas Mutter in den Stall.

Und hinter ihnen Annas Mutter. Jede von ihnen
trägt eine dampfende Schüssel, aus der es
verführerisch duftet.

„Wo sind die Männer?", fragt Alissas Mutter
und blickt sich suchend um.

„Keine Ahnung", antwortet Alissa. „Sie waren
vorhin nur kurz hier und haben Mienchen
geholt."

„Und sie haben sehr geheimnisvoll getan",
setzt Anna hinzu.

Im gleichen Moment fängt Fleck an zu wiehern.
Ein anderes Pferd wiehert Antwort.

„Das kommt von draußen", sagt Anna.

„Das ist Mienchen", erklärt Alissa. „Ganz
eindeutig!"

Schon fliegt auch das Stalltor auf und ein
Weihnachtsmann kommt in den Stall gestapft.
Hinter ihm im Schneetreiben können Anna
und Alissa einen Pferdeschlitten sehen. Von
der Kutschbank steigt gerade ein zweiter
Weihnachtsmann und hängt dem Pony vor
dem Schlitten einen Hafersack um. Das Pony
ist natürlich Mienchen!

„Hoho!", brüllt der Weihnachtsmann. „Ich hoffe,
es gibt was Gutes zu essen. Mein Kollege und
ich haben nämlich Hunger. Und wenn es uns
hier schmeckt, laden wir euch hinterher alle zu
einer kleinen Schlittenfahrt ein."
„Alles klar, Papa!", ruft Alissa. „Klopft euch den
Schnee ab und kommt rein!"

Aber dann müssen Alissa und Anna doch erst noch mal selbst nach draußen rennen, um sich den Schlitten anzugucken. Er ist alt, das sehen sie sofort. Aber er ist wunderschön! In das Holz sind Verzierungen geschnitzt und er ist knallrot angestrichen.

„Er stand die ganze Zeit bei uns in der Scheune", erzählt Annas Vater später, als sie beim Essen sitzen. „Und da hatten wir die Idee, dass wir ihn vielleicht reparieren könnten. Als Weihnachtsgeschenk für euch."

Jetzt weiß Alissa auch, warum ihr Vater in den letzten Wochen manchmal abends verschwunden ist und erst wieder nach Hause gekommen ist, als sie schon schlief!

Sie springt auf und gibt ihrem Vater einen Kuss.

„Danke, Papa", ruft sie.

„Danke, Papa", sagt auch Anna, und ihr Vater bekommt ebenfalls einen Kuss.

Und dann können sie es kaum erwarten, bis es endlich losgeht mit der Schlittenfahrt. Weil sie natürlich nicht alle in den Schlitten passen, dürfen Anna und Alissa die erste Runde alleine fahren. Annas Vater sitzt auf dem Kutschbock. Pünktchen und Schatten hocken neben Anna und Alissa und haben hechelnd die Ohren gespitzt. Fleck läuft aufgeregt wiehernd an einem Führstrick hinter dem Schlitten her. Das Schneetreiben ist vorüber. Der Mond kommt hinter den Wolken hervorgekrochen. Und der Schlitten lässt eine glitzernde Spur im Schnee zurück.

„Schön", sagt Alissa leise. „So müsste Weihnachten immer sein."

„Ist dir eigentlich klar, dass wir demnächst vielleicht nicht nur zwei Ponys, sondern auch

zwei Hunde haben?", fragt Alissa so leise,
dass Annas Vater es auf keinen Fall hören
kann.
„Ja", sagt Anna. „Und das wird richtig gut!"

Hallo!
Ich bin Luna Leseprofi. Mit meinem Ufo fliege ich durch das All. Wenn ich lande, ist großer Lesespaß angesagt.
Ich bin immer auf der Suche nach neuen Lese-Freunden.

Finde die Antworten auf die 6 Fragen und fliege mit in meine Internet-Welt mit vielen spannenden Spielen und Rätseln.

Leserätsel

1. Womit versuchen die Mädchen, Fleck in den Schnee zu locken?

P: mit viel gutem Zureden

S: mit einer Möhre

L: mit einer Schubkarre voll Heu

2. Was ist Annas und Alissas Idee?

C: Sie wollen im Stall Weihnachten feiern.

A: Sie wollen Pferdeschlitten fahren.

O: Sie planen einen Ausritt im Schnee.

3. Haben die Gänse das Futter geklaut?

R: Ja, die Mädchen haben sie dabei erwischt.

H: Nein, wie hätten sie bis in die Kammer kommen sollen?

T: Nein, ein Fuchs hat das Futter geklaut.

4. Warum hinterlässt der Dieb so seltsame Fußspuren?

N: Die zwei Diebe sind dicht hintereinander gelaufen.

K: Der Dieb hat gehumpelt.

F: Die Fußspuren waren gar nicht von ihm.

5. Woher kommen die beiden Hunde?

L: vom Bauernhof nebenan

N: aus dem Tierheim

E: Sie sind in der Gegend herumgestreunt.

**6. Was bekommen die Mädchen
zu Weihnachten?**

E : einen Pferdeschlitten

M: die Hunde

U: einen Urlaub auf dem Reiterhof

Lösung: __ __ __ __ __ __

Hast du das Rätsel gelöst?
Dann gib das Lösungswort unter
www.LunaLeseprofi.de ein.
Hole deine Familie, deine Freunde
und Lehrer dazu. Du kannst dann
noch mehr Spiele machen.
Viel Spaß! Deine Luna

Sonne, Mond und Sterne

2./3. Klasse

Heute gibt es Geschenke!

Astrid Lindgren
Sonne, Mond und Sterne – 2./3. Klasse
Pippi plündert den Weihnachtsbaum
ISBN 978 3 7891 0731 3

Christine Nöstlinger
Sonne, Mond und Sterne – 2./3. Klasse
Weihnachtsgeschichten vom Franz
ISBN 978 3 7891 0729 0

Pippi Langstrumpf lädt alle Kinder in die Villa Kunterbunt ein, um Weihnachten zu feiern. Das wird ein tolles Fest!

Der Franz gibt sich große Mühe, so zu tun, als ob er sich über das Geschenk von der Gabi freut. Was ihr immer so einfällt!

Oetinger

Mit Lesespielen im Internet. Lesepatenmodell für Lehrer und Eltern.
www.LunaLeseprofi.de *und* **www.oetinger.de**